¡Ah, un mundo maravilloso se abre ante nosotros!

Villa Cuentos

HARCOOL SCHOOL PUBLISHERS

Alcanza las estrellas

Autoras

Alma Flor Ada • F. Isabel Campoy

Harcourt

SCHOOL PUBLISHERS

www.harcourtschool.com

Alcanza las estrellas

Harcourt

SCHOOL PUBLISHERS

www.harcourtschool.com

Tema 4
Mundo maravilloso

Contenido

Ciencias

Ciencias

4

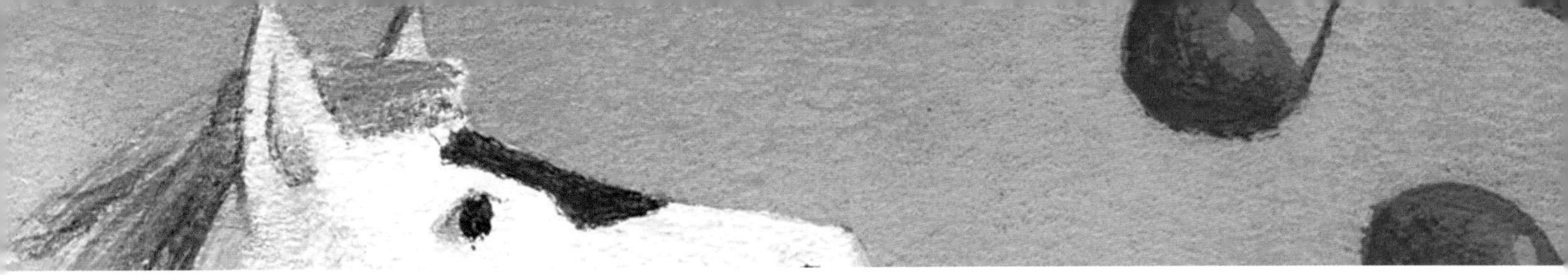

Lección 18

Estudios Sociales

Estudios Sociales

Superlibros del tema

¿Y tú no ayudas?

Libros decodificables 13–18

Estrategias de comprensión

Antes de leer

Observa las fotos.
Piensa en lo que
ya sabes.

8

Establece un propósito.

Me gustaría aprender sobre ranas.

Mientras lees

Haz preguntas.

¿Qué comen las ranas?

Vuelve a leer.

Volveré a leer esta página.

Responde preguntas.

¡Oh! Algunas ranas comen insectos.

Después de leer

Primero, los renacuajos nacen de un huevo. Luego, comienzan a cambiar. Por último, se convierten en ranas.

Haz conexiones.

Este libro se parece a otro que he leído. Allí se describían los cambios que experimentan las mariposas.

Tema **4** Mundo maravilloso

Niño con juguetes, Steve Dininno

13

Contenido

Lección 13

Fonética

j + vocal

ge, gi

Palabras para aprender

Repaso

ahora

quiere

pronto

también

y

muy

Jerónimo imagina

por Sandra Widener
fotografías de Steve Williams

16

—¿Te imaginas, Jerónimo?
Serás así de alto —le dice
su mamá.

Ahora, Jerónimo es bajito.
¡No llega a las ramas!

—¡Un día llegarás!

Jerónimo quiere algo para jugar. ¡Pero no llega!

—¡Pronto llegarás! —le dice su mamá.

Jerónimo está con
su gato Geo.
    "¿Un día seré alto? ¡No
me lo imagino!", se dice.

—¡Mira esta foto! —le
dice su mamá.
    Ella también era bajita.
¡Y ahora es alta!

"¡Un día seré alto!", se imagina Jerónimo. "Muy pero muy alto."

Destreza de enfoque

Secuencia

En muchos textos de ficción y de no ficción, los acontecimientos se narran en el orden en que ocurren: primero, después y al final. Este orden se llama **secuencia.**

Observa las fotos.

Muestran una secuencia de lo que sucede primero, después y al final.

Observa estas fotos. ¿Muestran una secuencia? ¿Qué ocurre primero, después y al final?

Inténtalo

Observa estas fotos. Ordénalas. Indica qué sucede primero, qué sucede después y qué sucede al final.

 www.harcourtschool.com/reading

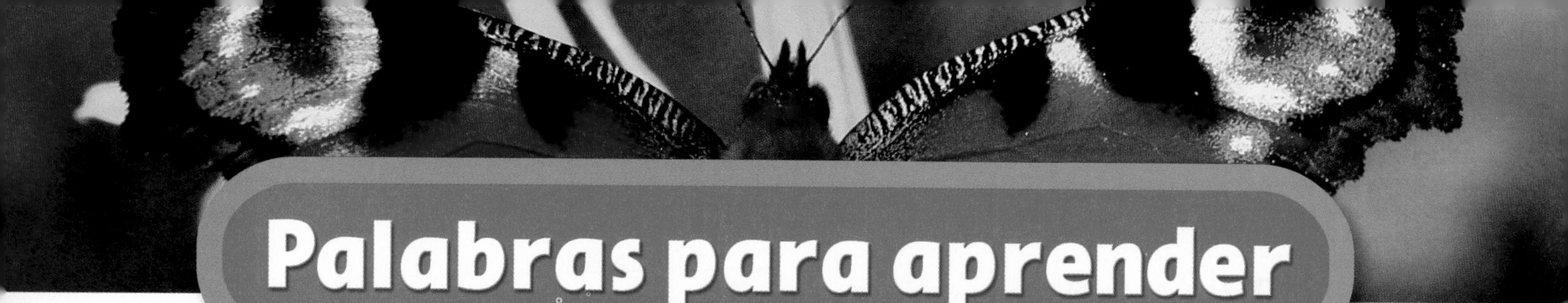

Palabras para aprender

Palabras de uso frecuente

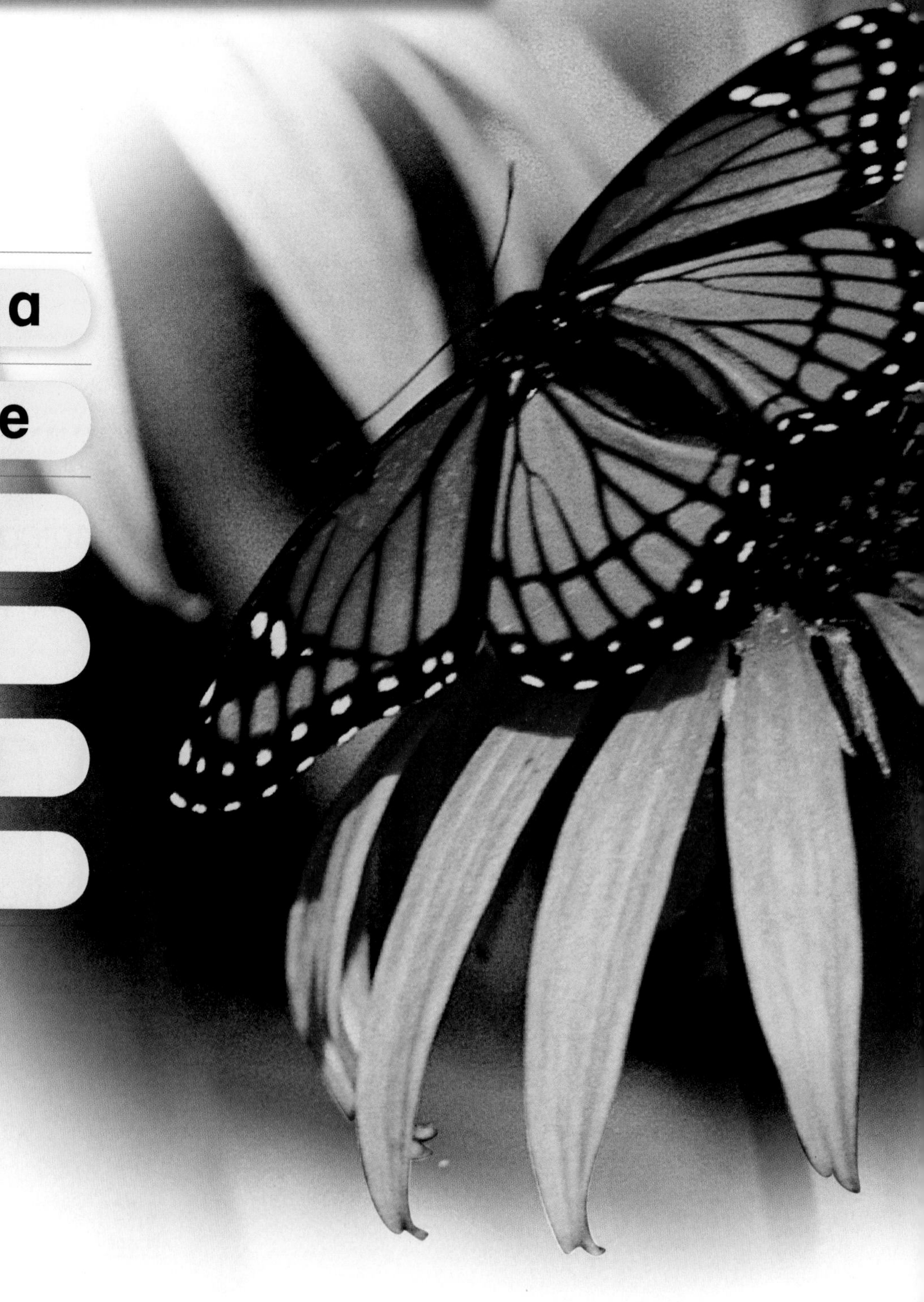

- pequeña
- siempre
- tengo
- seis
- puedo
- voy

Yo era una **pequeña** oruga. **Siempre** pensaba en crecer.

Pasó el tiempo. Ahora soy una mariposa. **Tengo seis** patas y **puedo** volar. ¡**Voy** a ir a un jardín muy bonito!

 www.harcourtschool.com/reading

Estudio del género

Un texto de **no ficción** trata sobre hechos que ocurren en la realidad. Generalmente, cuenta esos hechos en el orden en el que suceden o han sucedido.

┌─────────────────────────┐
│   │
└─────────────────────────┘
          ↓
┌─────────────────────────┐
│   │
└─────────────────────────┘
          ↓
┌─────────────────────────┐
│   │
└─────────────────────────┘
          ↓
┌─────────────────────────┐
│   │
└─────────────────────────┘

Estrategia de comprensión

Usar organizadores gráficos A medida que lees, usa un organizador gráfico como éste. Te ayudará a comprender y recordar la información en el orden correcto.

28

Nace una mariposa

por Stephen Swinburne

¿Me ves? ¡Aquí!
¡En esta hoja!

No soy un gusano. ¡Soy una oruga pequeña! Salí de un huevo.

Si el viento me empuja, me sujeto a la planta.

¡Qué generosa es la lluvia!
Me da sus gotas para beber.

Si esta planta no se enoja, me la voy a comer. ¡Es que tengo que crecer!

¡Ñam, ñam! ¡Qué rico!
¡No puedo dejar de comer!

Ahora que soy más grande, la piel me va pequeña.

Elijo un lugar para
descansar. Pronto
mudaré la piel.

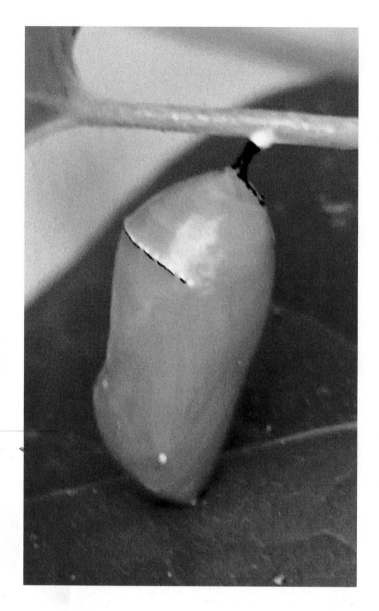

Ya soy una crisálida. Mido
una pulgada.
En pocos días, seré muy
diferente.

¡Mírame! Ahora soy un insecto. Tengo **seis** ágiles patas.

Agito las alas para
volar… y salgo a jugar.

Me gusta volar con mis amigas. Juntas buscamos comida. Siempre elegimos las mejores plantas.

**¡Mírame comer! Tomo
sorbitos de néctar.**

Soy una mariposa.
¡Y qué linda mariposa!

Pensamiento crítico

1 ¿Cómo va cambiando la oruga de este texto? SECUENCIA

2 ¿Por qué la oruga come tanto? NOTAR DETALLES

3 ¿Por qué la oruga sale de su crisálida?

SACAR CONCLUSIONES

4 ¿Por qué crees que el autor escribió el texto como si lo contara la mariposa?

PROPÓSITO DEL AUTOR

5 **ESCRIBE** Imagina que eres una oruga o una mariposa por un día. Escribe acerca de las cosas que harías.

RESPUESTA PERSONAL

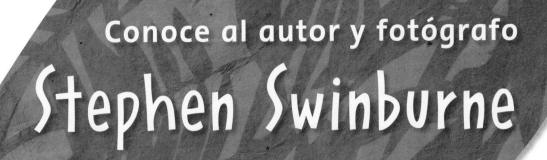

Conoce al autor y fotógrafo
Stephen Swinburne

A Stephen Swinburne le encanta la naturaleza. Y lo que más le gusta de ella son las mariposas. Para atraerlas, en su casa tiene un jardín repleto de flores. Allí tomó muchas de las fotografías que aparecen en este texto. Stephen espera que te diviertas mucho mientras aprendes sobre mariposas.

En Internet www.harcourtschool.com/reading

45

Poesía

Las orugas

por Aileen Fisher

ilustrado por Roberta Arenson

¿Qué hacen las orugas?
No hacen sino comer.

¿Qué saben las orugas?
No saben sino crecer.

Comen y, poco a poco,
se vuelven mariposas.

Pero a mí, por más que coma…
¡no me ocurren esas cosas!

Enlaces

Comparar textos

1 Según el cuento y el poema, ¿qué tiene que hacer una oruga para crecer?

2 ¿Alguna vez has visto una mariposa? ¿Cómo era? ¿Qué hacía?

3 ¿Has cambiado al crecer? ¿De qué manera?

Escritura

Piensa en el texto "Nace una mariposa". Escribe tres oraciones sobre las etapas de la vida de una mariposa.

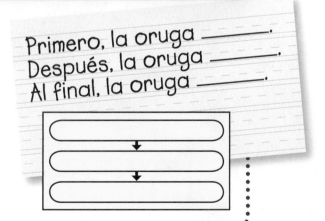

Primero, la oruga ———.
Después, la oruga ———.
Al final, la oruga ———.

Fonética

Forma y lee nuevas palabras.

Comienza con **gira**.

Cambia **ra** por **ro** .

Cambia **gi** por **ju** .

Cambia **ro** por **ra** .

Cambia **ra** por **go** .

Práctica de la fluidez

Lee el cuento en voz alta con un compañero. Alza o baja la voz como si fueras la mariposa.

Soy una mariposa.

¡Y qué linda mariposa!

Enlace: Lectura y escritura

Responder a una lectura

"Nace una mariposa" es un texto de no ficción que trata sobre el crecimiento y los cambios que experimentan las mariposas. Leímos el texto. Luego, escribimos acerca de lo que sabíamos y de lo que aprendimos.

▶ **Primero, conversamos sobre el texto.**

▶ **Luego, dijimos qué cosas sabíamos y qué cosas aprendimos.**

▶ **Por último, leímos nuestras oraciones.**

Lo que sabíamos
Las orugas se convierten en mariposas.

Las mariposas tienen seis patas.

Lo que aprendimos
Las orugas comen hojas y beben agua.

Una mariposa está en una crisálida durante diez días.

Contenido

1 Cuento para comenzar

Un paseo por las estrellas

por Karen Sandoval ilustrado por Olivier Latyk

2 Género: Ficción realista

Un lobo temeroso

por Monica Greenfield

ilustrado por Shane Evans

Una puesta en escena

3 Género: No ficción

Fonética

y + vocal

que, qui

Palabras para aprender

Repaso

estrellas

y

oh

voy

gracias

Un paseo por las estrellas

por Karen Sandoval

ilustrado por Olivier Latyk

54

—Papá, ¿me ayudas a poner el
telón en la sala? —pide Queta.
—Sí —dice Papá.

55

56

—¡Miren! Aquí está Marte. Y allí
está el Sol. ¡Qué calor dan sus rayos!

—Mi nave está rota. Pero ya
llega Cuquito. ¡Él la reparará!

Papá, Mamá y Yago la felicitan.
Queta saluda:
—¡Muchas, pero muchas gracias!

Destreza fonética

Sílabas y + vocal y *que, qui*

Observa las fotos. Busca las sílabas *ya, ye, yi, yo, yu* en la palabra que aparece debajo de cada foto. ¿La sílaba con la letra *y* aparece al principio o al final de la palabra?

joya

yema

Observa las fotos. Busca las sílabas *que, qui* en la palabra que aparece debajo de cada foto. ¿La sílaba con la letra *q* aparece al principio o al final de la palabra?

queso

cheque

62

Observa cada foto. Lee las palabras. ¿Qué palabra corresponde a la foto?

payaso

paso

coyote

máquina

maqueta

mosquito

www.harcourtschool.com/reading

Inténtalo

Lee el cuento.

Estamos en mayo. Ya hace calor. Vamos de paseo a un bosque. Nos quedamos todo el día. Desayunamos bajo un árbol y nadamos en un arroyo.

Palabras para aprender

Palabras de uso frecuente

hoy

otra

vez

doy

verdad

hayas

piensa

Hoy es un día importante para Quique. Tiene un ensayo en su escuela. Dice su parte una y **otra vez**:

—¡A que **doy** un soplido y tu casa derribo!

—¡Fuerte como un lobo de **verdad**!—dice la señorita Yolanda.

Pero Quique se equivoca.

—No importa que te **hayas** equivocado —dice la señorita Yolanda.

Quique **piensa** que mañana lo dirá mejor. ¡Seguro que sí!

Un lobo
temeroso

por Monica Greenfield
ilustrado
por Shane Evans

Ficción realista

Estudio del género

Un cuento de **ficción realista** es inventado, pero sus personajes hacen las mismas cosas que las personas de la vida real.

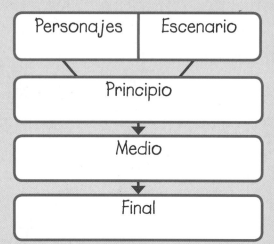

Personajes	Escenario

Principio

Medio

Final

Estrategia de comprensión

Resumir A medida que leas, detente de vez en cuando y piensa en qué cosas importantes han ocurrido hasta ese momento.

Un lobo temeroso

por Monica Greenfield

ilustrado
por Shane Evans

"¡Rin, rin, rin!", se oye el reloj.
Pero Quique se queda en la cama.

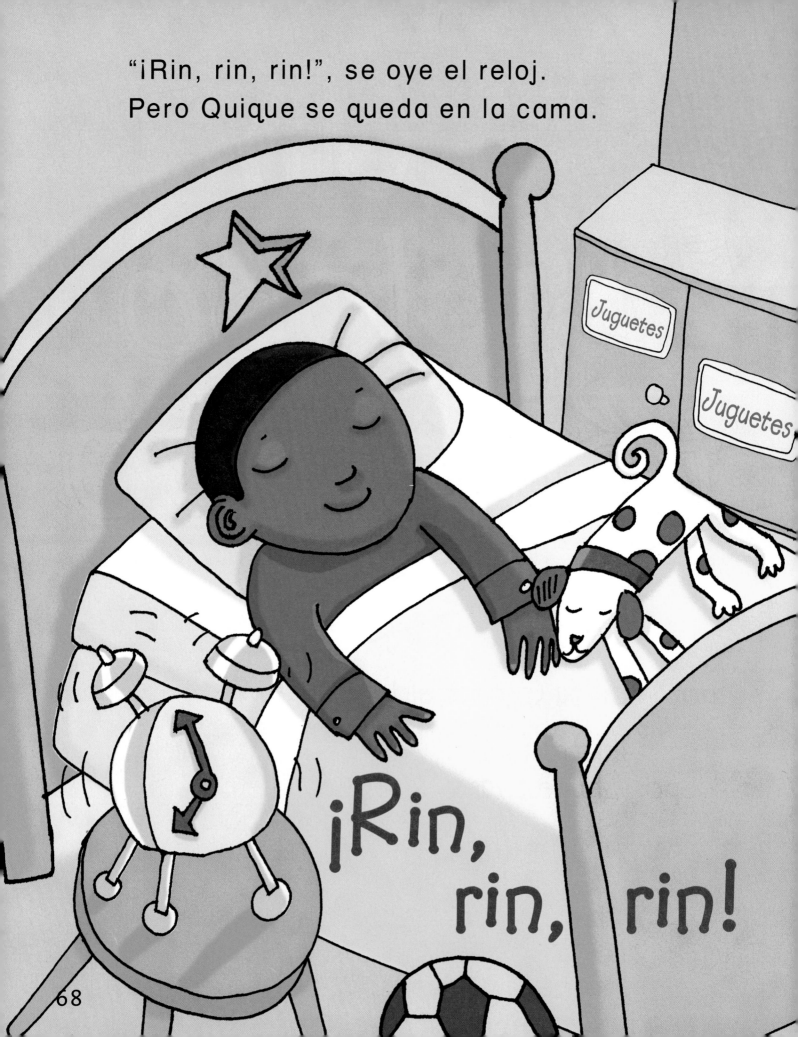

¡Rin, rin, rin!

Juguetes

Juguetes

—Arriba, Quique. ¡Hoy es tu día! —le dice su mamá.

Hoy es la obra de la escuela. Quique
ya desayunó y piensa en su personaje.
¡Qué miedo! ¿Quién lo ayudará?

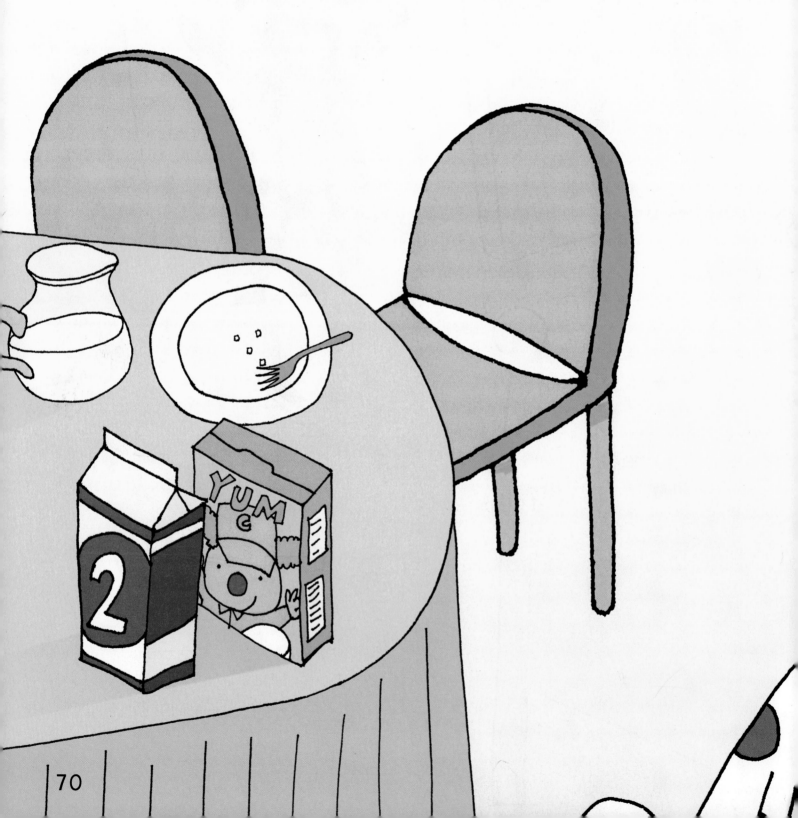

Quique se pone la chaqueta,
el gorro y la bufanda.

—Ya me voy, Mami —saluda Quique.
Su querido Yuyo parece decir: "¡Que
te vaya muy bien!"

—¡A ensayar! —dice
la señorita Yolanda.
"¡Qué miedo!", piensa
Quique.

—¡A que doy un soplido
y tu casa derribo! —dice
Quique. Pero más que lobo
parece una oveja.

—Dilo otra vez, Quique. ¡Más
fuerte! —le sugiere la señorita Yolanda.
Pero el lobo no mejora.

Los tres cerditos

La señorita Yolanda dice: —Tú eres
el lobo y el lobo no es nada temeroso.

Es difícil, pero yo sé que tú puedes.
Imagina que eres un lobo muy malo.

Ya llegó el momento. Pronto
le tocará a Quique. ¡Qué miedo!

—¡A que doy un soplido
y tu casa DEBIRRO! —grita
Quique muy fuerte.

Los tres cerditos

Todos los niños miran a Quique.
¡Se equivocó!

Los tres cerditos

—¡Oh! ¡A que doy un soplido
y tu casa DERRIBO! —dice Quique.
¡Y ruge como un lobo malísimo!

—No te apenes —dice
la señorita Yolanda—.
No importa que te hayas
equivocado.

—No me apené —responde
Quique—. ¡Estoy contento!
—¿De verdad? —pregunta
la señorita.

—¡Sí! ¡No estuve temeroso! ¡Estuve ESTREPITOSO! —dice Quique, con una sonrisa de oreja a oreja.

Pensamiento crítico

1 ¿Qué enseñanza crees que quiere dejar la autora con este cuento? PROPÓSITO Y PUNTO DE VISTA DEL AUTOR

2 ¿Quién ayuda a Quique en su casa? ¿Quién ayuda a Quique en la escuela? NOTAR DETALLES

3 ¿Por qué crees que Quique dice su parte en voz baja durante el ensayo? INFERIR

4 ¿Por qué Quique puede decir muy fuerte su parte durante la función? SACAR CONCLUSIONES

5 ESCRIBE Escribe cómo actuarías si fueras el lobo en una obra de teatro. ¿Qué tipo de disfraz usarías? RESPUESTA PERSONAL

Conoce a la autora
Monica Greenfield

Monica Greenfield proviene de una familia de escritores. Su mamá escribe cuentos y poemas, al igual que su abuela. A su hija también le gusta mucho escribir.

"Las palabras pueden ser muy poderosas. Puedo usarlas para que los niños rían, para que reflexionen sobre algo o para que aprendan sobre sus fortalezas."

Conoce al ilustrador
Shane Evans

Shane Evans ha ilustrado muchos libros para niños. No sólo trabaja en Estados Unidos, sino que ha pintado cuadros para personas de todo el mundo. Sus obras se han exhibido en África, París, New York y Chicago. Además, a Shane Evans le gusta dar charlas en escuelas. Siempre alienta a los niños a usar su talento para crear sus propias obras de arte.

En Internet www.harcourtschool.com/reading

87

Una puesta en escena

No ficción

Maestros: Leer en voz alta

Una puesta en escena

Para montar una obra de teatro, muchas personas trabajan en equipo.

El **director** es el responsable de la puesta en escena. Dice qué debe hacer cada uno.

Los tres osos
Una puesta en escena
Many people work together to put on a play.

88

El **escenógrafo** es el responsable de planificar cómo se verá el escenario.

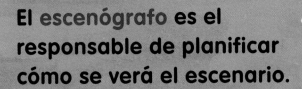

Los **actores** y las **actrices** tienen que saber cómo representar a los personajes. Cuentan una historia con palabras y acciones.

El **diseñador de vestuario** diseña la ropa que usarán los actores y las actrices durante la representación.

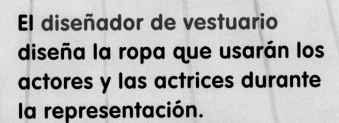

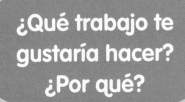
¿Qué trabajo te gustaría hacer? ¿Por qué?

89

Enlaces

Comparar textos

1. ¿Cuál de los trabajos de "Una puesta en escena" crees que preferiría Quique? ¿Por qué?

2. Comenta qué te gustó de la obra en la que actúa Quique o de alguna otra obra que hayas visto.

3. ¿Qué le dirías a un amigo que sintiera temor o tuviera vergüenza?

Escritura

Quique se sintió orgulloso de sí mismo. Escribe sobre algo que estés orgulloso de haber hecho.

Estoy orgulloso de sacar a pasear a mi perro.

Forma y lee nuevas palabras.

Comienza con **ayer**.

Cambia **yer** por **ma**.

Cambia **a** por **ye**.

Cambia **ye** por **que**.

Cambia **ma** por **so**.

Práctica de la fluidez

Lee el cuento en voz alta con un compañero. Lee en voz baja la parte en la que Quique habla en voz baja. Lee en voz bien alta la parte en la que Quique se comporta como el lobo feroz.

¡A que doy un soplido y tu casa derribo!

91

Contenido

Lección 15

1 Cuento para comenzar

¡Sigue la pista, Guido!

por Karen Sandoval • ilustrado por Joe Cepeda

2 Género: Biografía

Tomás Rivera

por Jane Medina

ilustrado por René King Moreno

Yo puedo

por Mari Evans

ilustrado por Shane Evans

3 Género: Poesía

Fonética
z + vocal
gue, gui

Palabras para aprender

Repaso

hay

también

¡Sigue la pista, Guido!

por Karen Sandoval

ilustrado por
Joe Cepeda

94

—Juguemos a adivinar, Guido.
Sigue esta pista —dice Mamá.
La pista es un dibujo de la cama.

Arriba de la cama
hay una cubeta roja.
Y también está la
segunda pista. Guido
se rasca la cabeza.
¿Qué será?

96

La segunda pista es
un dibujo de la mesa.
—Sigue la pista,
Guido —dice Papá.

Arriba de la mesa hay un
pedazo de tela. Y también está
la tercera pista. ¿Qué será?

Guido mira la tercera pista. Ve un árbol y un camino. ¡No es un juguete!

Guido sale de la casa.
¡Rápido, Guido! ¡Rápido!

Guido ve el carro azul del abuelo. Ve al abuelo con una manguera. ¡Adivinó!

Destreza de enfoque

Secuencia

Los autores cuentan lo que ocurre en un orden determinado. Este orden se llama **secuencia.**

Observa las fotos.

Forman una secuencia. Muestran qué pasa primero, después y al final.

Observa las fotos. ¿Forman una secuencia? ¿Qué pasa primero, después y al final?

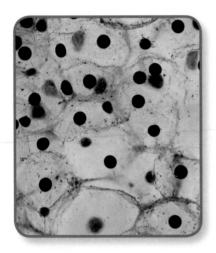  

Inténtalo

Observa estas fotos. Luego ordénalas e indica qué sucede primero, después y al final.

 www.harcourtschool.com/reading

Palabras para aprender

abuelo

propios

familia

maestro

igual

tiempo

hermanos

hacía

Mi **abuelo** me dijo que un día yo iba a escribir mis **propios** cuentos. **Hacía** mucho que lo deseaba. Mi **familia** siempre me apoyó.

Voy a ser **maestro**, pero **igual** me alcanzará el **tiempo** para escribir. En mis relatos contaré la vida de mis **hermanos**.

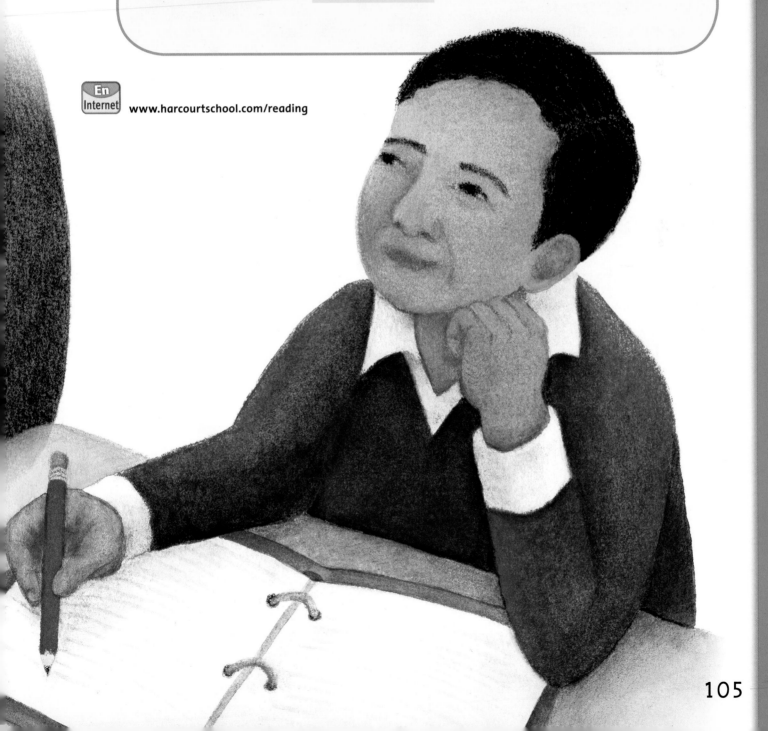

En Internet www.harcourtschool.com/reading

Tomás Rivera

por Jane Medina
ilustrado por
René King Moreno

Biografía

Estudio del género

Una **biografía** relata acontecimientos que ocurrieron en la vida de una persona.

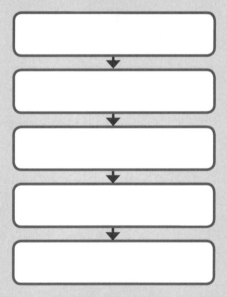

Estrategia de comprensión

Hacer preguntas Mientras lees, hazte preguntas y busca las respuestas.

106

Tomás Rivera

por Jane Medina

ilustrado por
René King Moreno

Tomás Rivera era de Texas. Su familia trabajaba de granja en granja. Él iba con su papá y sus hermanos.

Mañana y tarde, Tomás cosechaba
manzanas, guindas, calabazas,
zanahorias... ¡de todo! Por las noches,
gozaba con los cuentos del abuelo.

—¡Vengan, chicos! —los llamó una noche
el abuelo—. Voy a contarles un cuento.

—¡Abuelo, tus cuentos son como juguetes! —le dijo Tomás—. Un día yo también contaré cuentos.

—Hay un lugar donde podemos conseguir
muchos cuentos —dijo el abuelo.

—¿Dónde? —quiso saber Tomás.

El abuelo guiñó un ojo y dijo:
—¡Ya verás! Vamos, sube.

—Ésta es una biblioteca. Aquí hay muchos cuentos para ti —dijo el abuelo.

—¡Hay miles de libros! —dijo Tomás, azorado.

—Lee mucho —aconsejó el
abuelo—. Si sigues leyendo, un día
escribirás tus propios cuentos.

Tomás se zambulló en los libros de
la biblioteca. Leyó mucho. Y enseguida
comenzó a imaginarse cuentos.

Poco a poco empezó a escribir.
Tenía la esperanza de ser autor.

De grande quiso ser maestro.
Pero hacía que el tiempo también
le alcanzara para escribir. ¡Y la
gente amaba sus cuentos!

En los cuentos de Tomás Rivera
hay campesinos. Se parecen a
sus familiares. Muchas personas
siguen leyendo esos relatos.

Hay una biblioteca llamada *Tomás Rivera*. Muchos la visitan. Un día, tú y tus amiguitos podrán escribir cuentos, igual que Tomás.

Pensamiento crítico

1 ¿Qué piensa Tomás de los libros luego de haber ido a la biblioteca con su abuelo? 🐌 SECUENCIA

2 ¿Por qué el abuelo quiere que Tomás lea muchos libros? INFERIR

3 ¿Cómo aprende Tomás a contar cuentos? TRAMA

4 ¿Por qué crees que Tomás Rivera escribió cuentos acerca de personas que trabajaban en las cosechas?

SACAR CONCLUSIONES

5 **ESCRIBE** Escribe acerca de lo que te gustaría hacer cuando seas grande.

✏ RESPUESTA PERSONAL

Conoce a la autora
Jane Medina

Jane Medina leyó mucho sobre Tomás Rivera para contar esta historia. Espera que su relato ayude a los niños a pensar como lo hizo Tomás Rivera.

Dice Jane Medina: **"**Si te esfuerzas mucho y te va bien en la escuela, puedes lograr todo lo que quieras. **"**

Conoce a la ilustradora
René King Moreno

Cuando René King Moreno era niña, le encantaba dibujar y pintar en su tiempo libre. Estudió Bellas Artes en la universidad, y ahora se dedica a ilustrar libros para niños.

Yo
puedo

por Mari Evans
ilustrado por
Shane Evans

Poesía

por Mari Evans
ilustrado por
Shane Evans

124

Yo puedo

Yo puedo
ser cualquier cosa
yo puedo
hacer cualquier cosa
yo puedo
pensar
cualquier cosa
grande
O
pequeña
alta o baja
A N C H A
o angosta
rápida o lenta
¡porque
PUEDO
y porque
QUIERO!

Enlaces

Comparar textos

1 ¿En qué se parecen Tomás y la niña del poema "Yo puedo"?

2 ¿Por qué es importante creer que puedes hacer las cosas que quieres hacer?

3 ¿Qué cosas hizo Tomás que a ti también te gustaría hacer?

Escritura

Escribe acerca de algo especial que hayas hecho con alguien de tu familia o con un amigo. Indica qué sucedió primero, después y al final.

> Un día, mi papá me llevó al parque. Jugamos juntos a la pelota. ¡Yo gané! Después, comimos panquecas. ¡Nos divertimos mucho!

126

Forma y lee nuevas palabras.

Comienza con **taza**.

Cambia **ta** por **cho**.

Cambia **cho** por **ti**.

Comienza con **sigue**.

Cambia **si** por **pa**.

Cambia **pa** por **pe**.

Práctica de la fluidez

Túrnate con un compañero para leer algunas páginas de "Tomás Rivera". Lee las partes fáciles rápidamente. Lee las partes más difíciles lentamente.

Contenido

Lección 16

1 Cuento para comenzar

La comida de Helena
por Karen Sandoval   ilustrado por Victoria Raymond

2 Género: Fantasía

Un amigo más
por Alma Flor Ada
ilustrado por Sophie Fatus

Buenos amigos

3 Género: No ficción

Fonética

h + vocal

sílabas con x

Palabras para aprender

Repaso

otra

y

hay

oh

La comida de Helena

por Karen Sandoval

ilustrado por

Victoria Raymond

130

—¡A comer! ¡Llegó la hora de
comer! —llama Helena.
Helena es una experta cocinera.
¡Hace bizcochos riquísimos!

—Hola, Helena —dice Hugo.
Con una mano, Hugo sirve jugo.
Con la otra mano, toma un
bizcocho. ¡Pero mancha a Helena!

Ahí llega Roxi. Saluda a sus
amigos. Toma un bizcocho y...
tapa la mesa con su falda.

Ésa es Ana. Llega y hace lío.
¡Se le cae la comida!

Ésta es Hebe. ¿Hay lugar para ella? ¡Sí, ahí!

Roxi señala la rama y casi derrama la limonada.

Ahora llega Félix.

—¡Hola! —saluda.

—¡Oh, no! ¡No hay lugar para Félix!
¿Qué hacemos? —dicen todos.

—¡Comamos bajo el árbol! —dice Félix. Bajo el árbol hay mucho lugar. ¡Ahora, la comida de Helena es un éxito!

Destreza de enfoque

Idea principal

La **idea principal** expresa qué es lo más importante de un texto o de una ilustración.

Observa la foto.

La idea principal es que una familia está cenando.

Observa la foto. ¿Cuál es la idea principal? ¿Cómo lo sabes?

Inténtalo

Observa la foto. Comenta cuál crees que es la idea principal.

Palabras para aprender

Palabras de uso frecuente

- patio
- madre
- pobre
- tres
- buena
- cuatro

140

La hormiga, la pollita y la rana están en la hamaca del **patio** de la vaca.

Se acerca la **madre** de la pollita. ¡**Pobre**! Tiene mucho calor.

Las **tres** amigas la invitan: —¡Ven, **buena** gallina! ¡Ahora somos **cuatro**!

www.harcourtschool.com/reading

Un amigo más

por Alma Flor Ada
ilustrado por Sophie Fatus

Premiado

Fantasía

Estudio del género

Un **cuento de fantasía** es un cuento en el que los personajes y los acontecimientos son inventados.

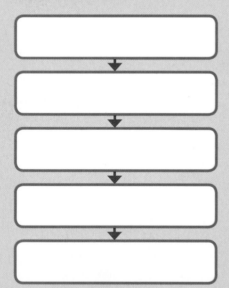

Estrategia de comprensión

Resumir Mientras lees, detente cada tanto y piensa cuáles son las cosas importantes que ocurrieron hasta ese momento.

Un amigo más

por Alma Flor Ada

ilustrado por Sophie Fatus

—¡Qué rica la sombra! —dice la hormiga.
Y se mece feliz en la hamaca que tiene
en el patio la vaca.

Una rana se acerca croando:

—Croac, croac, croac.

—Ven, amiga —le dice a la rana la
hormiga—. Siempre cabe uno más.
¡Excelente! ¡Ahora somos dos!

Una pollita se acerca piando:

—Pío, pío, pío.

—Ven, amiga —le dice la
hormiga—. Siempre cabe uno más.
¡Excelente! ¡Ahora somos tres!

Una gallinita se acerca cacareando:
—Cocorococó, cocorococó.
—Ven, amiga —le dice la
hormiga—. Siempre cabe uno más.
¡Excelente! ¡Ahora somos cuatro!

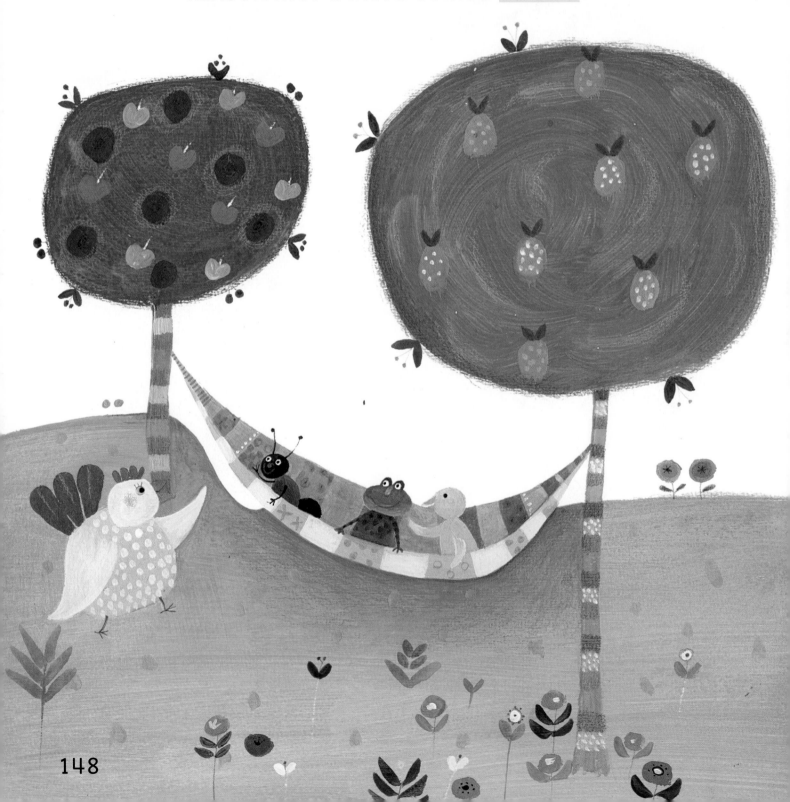

Un pato se acerca diciendo:

—Cuac, cuac, cuac.

—Venga, amigo —le dice la
hormiga—. Siempre cabe uno más.
¡Excelente! ¡Ahora somos cinco!

¡Qué rica la sombra!

La hormiga y la rana, la pollita, la gallina y el pato se mecen felices en la hamaca que tiene en su patio la vaca.

Una gatita se acerca maullando:

—Miau, miau, marramiau.

—Ven, amiga —le dice la
hormiga—. Siempre cabe uno más.

Una perrita y una ovejita llegan al patio de la vaca.

La perrita ladra: Guau, guau. La ovejita bala: Bee, bee.

—Vengan, amigas —les dice la hormiga—. Siempre cabe uno más.

¡Qué rica la sombra!

La hormiga y la rana, la pollita, la gallina y el pato, la gata, la perra y la oveja se mecen felices en la hamaca que tiene en su patio la vaca.

¿Y ahora quién se acerca?
La madre elefanta.
¿Qué dirá la hormiga?
Seguro se espanta.
Si esa elefanta se sube
también, ¡pobre de la hamaca
que tiene en su patio la vaca!

154

Pero todo lo que se oye decir
a la hormiga es: —¡Ven, amiga!

Cuando se tiene buena
voluntad siempre hay lugar
para un amigo más.

Pensamiento crítico

1   ¿Cómo demuestra la hormiga su generosidad? 👁 IDEA PRINCIPAL

2   ¿Qué otro animal del cuento es generoso? ¿Por qué crees eso? SACAR CONCLUSIONES

3   ¿A quiénes invita la hormiga a la hamaca? NOTAR DETALLES

4   ¿Qué preocupa a los animales cuando llega la madre elefanta? INFERIR

5   **ESCRIBE** Escribe acerca de una manera en que puedes ser generoso con los demás. 🖊 RESPUESTA PERSONAL

Conoce a la autora
Alma Flor Ada

Para escribir "Un amigo más", la autora se inspiró en su infancia. Cuando era niña y vivía en Cuba, muchas veces dormía en una hamaca. ¡Le encantaban las hamacas! Además, en su casa siempre hacían lugar en la mesa para algún pariente o alguna visita. Su primo solía decir: "¡Siempre hay lugar para uno más!"

158

Conoce a la ilustradora
Sophie Fatus

La artista Sophie Fatus creció en
Francia y ahora vive en Italia. Ama a
los animales y le encanta pintarlos; por
eso disfrutó mucho cuando dibujó los
animales de este cuento. Espera que sus
ilustraciones ayuden a los niños a recordar
que deben quererse unos a otros y ser
generosos con los demás.

En Internet www.harcourtschool.com/storytown

Estudios Sociales

Maestros: Leer en voz alta

Buenos amigos

Luis vive en
Dallas, Texas.
Andy vive en
Stonewall.

Dallas

Stonewall

A pesar de
la distancia,
son muy buenos
amigos.

160

A Luis le gusta vivir
en Dallas porque
hay edificios altos
y mucho movimiento
en las calles.

A Andy le gusta vivir
cerca de las granjas y
los espacios verdes que
abundan en Stonewall.

¡Pero nada les
gusta más que
pasar tiempo
juntos!

161

Enlaces

Comparar textos

1 ¿Qué lectura te gustó más: "Un amigo más" o "Buenos amigos"? ¿Por qué?

2 Piensa en alguien que se parezca a la hormiga de "Un amigo más". ¿En qué se parecen la hormiga y esa persona?

3 ¿Qué harías para demostrar tu generosidad?

Escritura

Escribe una nota en la que invites a un amigo a tu casa. Haz una lista de las cosas que quieres hacer durante su visita.

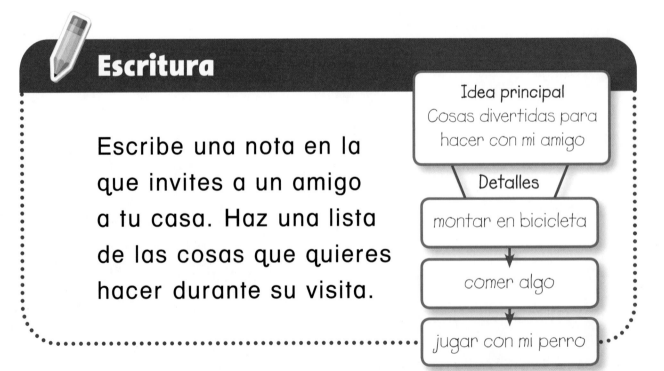

Idea principal
Cosas divertidas para hacer con mi amigo

Detalles

montar en bicicleta

comer algo

jugar con mi perro

162

Fonética

Forma y lee nuevas palabras.

Comienza con **texto**.

Cambia **tex** por **mix**.

Comienza con **hora**.

Cambia **ra** por **la**.

Práctica de la fluidez

Lee "Un amigo más" con un compañero. Lee cada oración. Intenta leer todo el cuento a un ritmo constante.

Siempre cabe uno más.

¡Excelente! ¡Ahora somos dos!

Contenido

Lección 17

1 Cuento para comenzar

Concurso en la selva
por Nancy Furstinger
ilustrado por Michelle Angers

2 Género: No ficción

¿Elefantes que pintan?
por Katya Arnold

Cosas importantes de los elefantes

3 Género: Artículo de no ficción

165

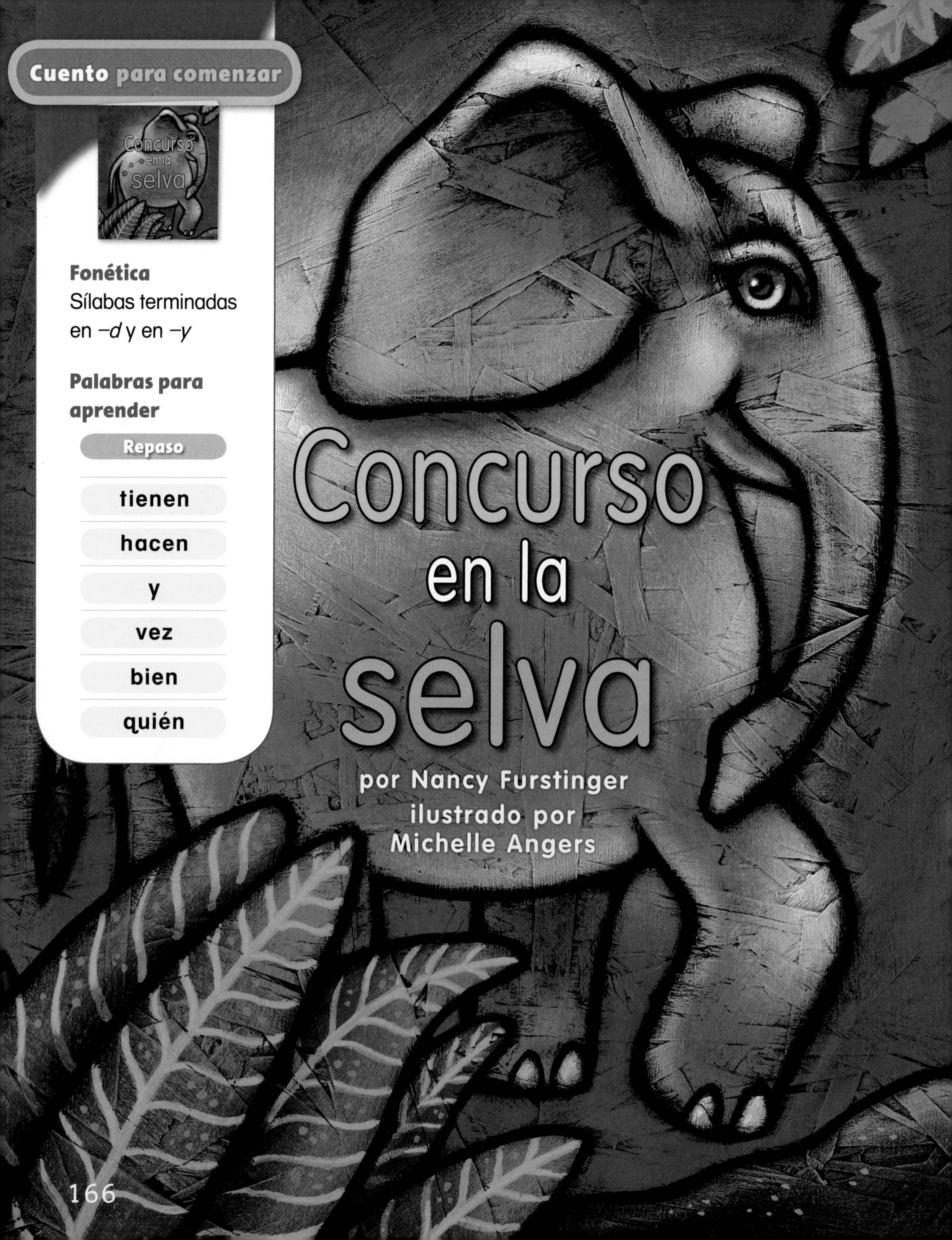

Cuento para comenzar

Fonética
Sílabas terminadas en *–d* y en *–y*

Palabras para aprender

Repaso

- tienen
- hacen
- y
- vez
- bien
- quién

Concurso en la selva

por Nancy Furstinger
ilustrado por
Michelle Angers

¿Has oído la novedad? ¡Hoy hay un concurso en la selva! ¡Los animales harán cosas fabulosas!

¡Huy! Estos animales tienen mucha habilidad. ¡Mira lo que hacen!

Aquí llegan los zorros. ¡Qué facilidad para los malabares! Los más pequeños sólo miran y se ríen.

Los pavos reales hacen "talán talán". ¡Y las aves pequeñas hacen pompas de jabón!

Los elefantes lucen
gorros de colores. ¡Se
ven bonitos de verdad!

¡Mira cómo zapatean todos a la vez! Y los más pequeños giran a toda velocidad.

Todos los animales lo pasan
muy bien.
¿Quién ganará? ¡Tú decides!

Destreza de enfoque

Idea principal

La **idea principal** de un cuento es la idea más importante.

Observa la foto.

La idea principal de esta foto es que el niño está aprendiendo a atarse los cordones.

174

Observa la foto. ¿Cuál es la idea principal? ¿Cómo lo sabes?

Inténtalo

Observa la foto. Elige la frase que corresponda a la idea principal.

- trabajar en una granja

- trabajar en la escuela

- trabajar en casa

 www.harcourtschool.com/reading

Palabras para aprender

Palabras de uso frecuente

después

nueva

pueden

gran

176

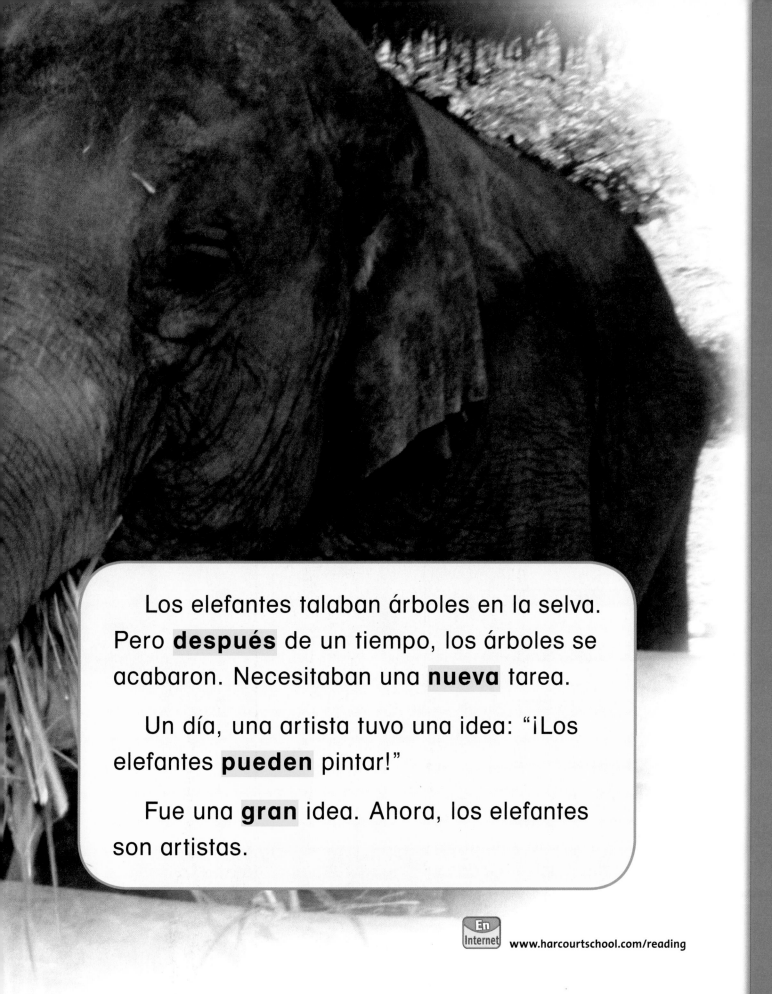

Los elefantes talaban árboles en la selva. Pero **después** de un tiempo, los árboles se acabaron. Necesitaban una **nueva** tarea.

Un día, una artista tuvo una idea: "¡Los elefantes **pueden** pintar!"

Fue una **gran** idea. Ahora, los elefantes son artistas.

En
Internet   www.harcourtschool.com/reading

¿Elefantes que pintan?
por Katya Arnold

No ficción

Estudio del género

Un texto de **no ficción** da información verdadera acerca de una idea principal. A menudo, estos textos incluyen fotografías.

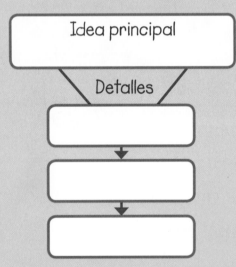

Idea principal

Detalles

Estrategia de comprensión

Volver a leer Si lees una parte del texto y no la comprendes, vuelve a leerla.

178

¿Elefantes que pintan?

por Katya Arnold
basado en una historia real

Lucky vivía en una granja. Era una
elefanta muy grande y muy fuerte.

Los elefantes de esa granja trabajaban en la selva. ¡En la selva había una multitud de árboles!

Lucky y Ning eran compañeros. Ning talaba los árboles. Lucky los levantaba con la trompa sin dificultad.

Talaban gran cantidad de árboles para ganar dinero. Y los fines de semana iban a nadar.

183

Un día se acabaron los árboles...
—¡No hay más árboles! ¿Qué
haremos ahora? —dijo Ning.

Una artista tuvo una idea.
"Voy a ayudarlos", pensó.
Y fue a la granja.

—¡Si yo doy pinceladas con las manos…
entonces los elefantes pueden pintar con la
trompa! —dijo la artista.

"¿Será verdad?", pensaban los elefantes.

Lucky tomó el pincel con
mucha facilidad.
—¡Muy bien! —dijo la artista,
admirada—. ¡Ahora a pintar!

Lucky hizo un puntito. La artista se rió y dijo:

—¡Huy! ¡En la cabeza no! Voy a ayudarte.

La artista pasó el pincel por el
papel. Después se lo dio a Lucky.
—Estoy segura de que lo harás
bien —la animó.

Lucky hizo un punto morado
en el papel.
—¡Eres una artista! —dijo su
nueva amiga.

La artista sostuvo la trompa de
Lucky. La ayudó a pintar líneas,
manchas y puntitos.

191

Pronto llegaron más elefantes...
¡y había pinceles para todos!
"¿Cómo haremos para ganar
dinero?", pensaba Ning.

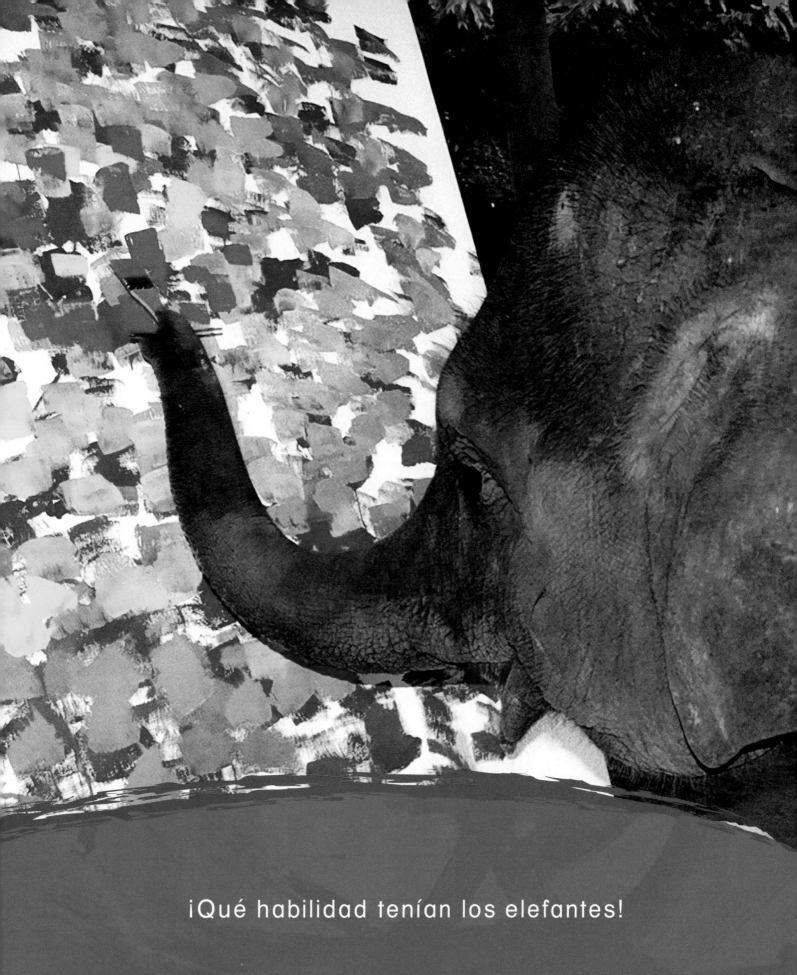

¡Qué habilidad tenían los elefantes!

Algunos dibujaron una enorme
cantidad de líneas y manchas. Las
hacían finas y anchas, cortas y largas.
Y todas de colores muy bonitos.

Uno pintó flores que parecían de verdad.

El más pequeño pensó: "Soy un artista". Y se puso a morder el pincel.

La gente admiraba la calidad de las pinturas. ¡Y muchas personas las compraron para colgarlas en la pared!

—¡Gracias por tu ayuda, amiga! —dijo
Ning a la artista—. Ahora, los elefantes
tienen trabajo. ¡Y es muy divertido!

Pensamiento crítico

1 ¿Por qué fue una buena idea que los elefantes aprendieran a pintar?

IDEA PRINCIPAL

2 ¿Cómo es el lugar donde vive Lucky?

NOTAR DETALLES

3 ¿Cómo se siente Ning cuando se da cuenta de que no quedan más árboles? ¿Por qué? SACAR CONCLUSIONES

4 Piensa en el principio y el final de este cuento. ¿Cómo cambió la vida de Lucky?

INFERIR

5 **ESCRIBE** Escribe acerca de otras cosas que podrían aprender los elefantes.

RESPUESTA PERSONAL

Conoce a la autora y fotógrafa
Katya Arnold

Katya Arnold enseña arte a los niños en New York... ¡y a los elefantes en Asia! Su marido, Alex, también es artista. Juntos ayudaron a los elefantes a crear pinturas asombrosas.

Algunos elefantes han pintado durante mucho tiempo. Otros sólo juegan con los pinceles. ¡Pero a todos les gusta meter la trompa en los bolsillos de los artistas para sacar golosinas!

 www.harcourtschool.com/reading

199

Cosas importantes de los elefantes

Artículo

Cosas importantes de los elefantes

Dientes

Los animales que comen plantas tienen dientes planos. Los elefantes usan los dientes para masticar hojas, ramas y frutos. También los usan para masticar la corteza de los árboles.

Colmillos

Los colmillos de los elefantes son unos dientes muy largos de marfil. Los elefantes pueden usar los colmillos para obtener alimentos.

Trompa

Los elefantes respiran por la trompa. Además, la usan para llevarse agua y comida a la boca. Incluso pueden darse una ducha con la trompa.

Pero lo mejor de todo es que... ¡usan la trompa para abrazarse!

Enlaces

Comparar textos

1 De todo lo que aprendiste en el cuento y en el artículo, ¿qué te pareció más interesante?

2 ¿Has visto un elefante alguna vez? ¿Qué hacía?

3 ¿Cuál es tu manera favorita de dibujar?

Escritura

Anota lo que sepas acerca de los elefantes. Luego escribe oraciones.

Los elefantes pueden levantar cosas con la trompa.

Idea principal
Lo que sé sobre elefantes

Detalles

Levantan cosas con la trompa.

Tienen dientes.

Algunos pueden pintar.

Forma y lee nuevas palabras.

Comienza con **verdad**.

Cambia **ver** por **e** .

Cambia **e** por **bon** .

Comienza con **soy**.

Cambia la **s** por una **v** .

Cambia la **v** por una **d** .

Práctica de la fluidez

Lee "¿Elefantes que pintan?" a un compañero. Cuando veas una coma o un punto, haz una pausa. Expresa emoción con tu voz cuando leas oraciones con signos de exclamación.

Ahora...¡a pintar!

Contenido

Lección 18

1 Cuento **para comenzar**

¡A jugar afuera!

por Nancy Furstinger
ilustrado por Jesse Reisch

2 Género: Ficción realista

Una sorpresa de nieve

por Lisa Campbell Ernst

Copos de nieve

A. Wilson Bentley

3 Género: Artículo de no ficción

Fonética

güe, güi

sílabas terminadas
en –*z*

**Palabras para
aprender**

Repaso

puede

cuando

tarde

otra

¡A jugar
afuera!

por Nancy Furstinger
ilustrado por Jesse Reisch

—¡Mira cómo ha nevado,
Tagüé! ¡Vamos a jugar
afuera! —dice Paz.

—¡Mira allí, Tagüé! ¿Sabes
una cosa? —señala Paz—.
Ese pájaro canta todo el día
bajo la luz del sol.

208

Hay un conejo junto al árbol. Tagüé no lo ve, pero puede olerlo.

Paz se tapa casi hasta la nariz. Le cae
agüita helada de los árboles nevados.

—Cuando haga calor, iremos
a remar. ¡Y tal vez veamos algún
pez en la laguna! —dice Paz.

Paz está feliz. Baja por la colina
a toda velocidad. Tagüé la sigue.

—¡Mira qué rico, Tagüé! Mis pasteles y tu leche. Ahora comemos, y más tarde... ¡a jugar otra vez!

Destreza fonética

Sílabas *güe, güi* y sílabas terminadas en -z

Observa las fotos. Busca las sílabas *güe, güi* en las palabras. ¿Estas sílabas aparecen al principio, en el medio o al final de la palabra?

pingüino

cigüeña

Observa las fotos. Busca sílabas terminadas en *–z* en las palabras. ¿La sílaba aparece al principio o al final?

arroz

lápiz

Observa las fotos. Lee las palabras. Señala qué palabra corresponde a cada foto.

agüita

paragüero

pájaro

jazmín

jardín

tapiz

 www.harcourtschool.com/reading

Inténtalo

Lee las oraciones.

Hoy nevó toda la mañana. Tomé agüita helada de los copos de nieve. El viento veloz agitaba los árboles. ¡Me sentí muy feliz!

Palabras para aprender

Palabras de uso frecuente

mañana

contenta

afuera

Esa **mañana**, Paz se levantó **contenta**. Era domingo y podía jugar con su perro. Además, ¡**afuera** había nevado!

—¡Vamos! ¡Hagamos un muñeco de nieve! —dijo Paz.

www.harcourtschool.com/reading

Una
sorpresa
de nieve

por Lisa Campbell Ernst

Ficción realista

Estudio del género

Un cuento de **ficción realista** es una historia inventada, pero los acontecimientos que relata podrían ocurrir en la vida real.

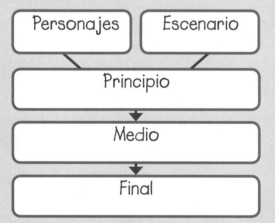

Personajes | Escenario

Principio

Medio

Final

Estrategia de comprensión

Inferir Para comprender mejor el cuento, usa lo que ya sabes y las pistas que te da el texto.

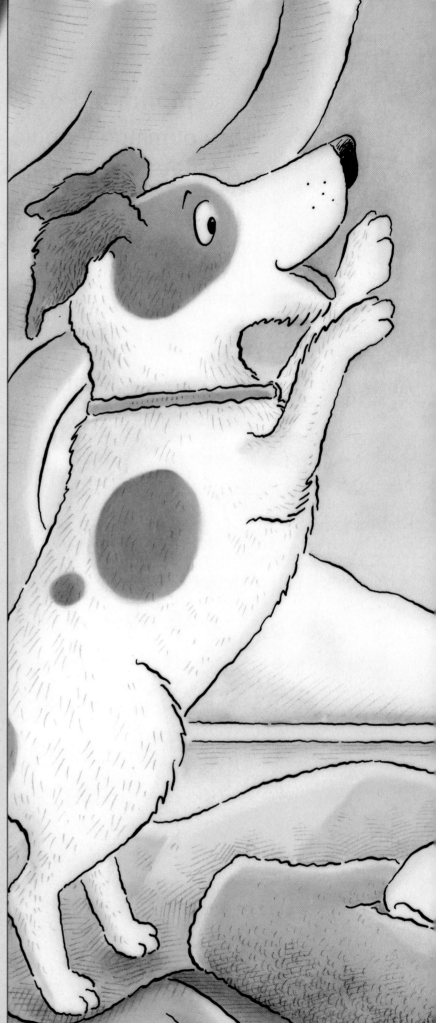

218

Una sorpresa de nieve

por Lisa Campbell Ernst

—¡Mira la nieve, Paz! —grita el
pequeño Quique.

Su hermana Paz mira por la ventana. ¡La nieve se ve muy bonita con la luz de la mañana!

—¡Yo la vi primero! ¡Yo la vi primero! —canta Quique una y otra vez. Cuzquito también está feliz.

221

Paz se viste y corre a la cocina.
—¡Hoy te daré una sorpresa,
Quique! —grita. Y, con gran rapidez, se
mete muchas cosas ricas en los bolsillos.

—¡No mires, Quique! —dice
Paz. Y sale con Cuzquito.

¡Qué frío hace! La nieve lo cubre todo,
como un enorme tapiz.

Cuzquito salta y corre veloz. Intenta
comer nieve, pero sólo se le hace agüita
helada en la boca.

—Sígueme, Cuzquito —dice Paz.

Paz hace una bola de nieve.
Primero es pequeña, pero Paz es
muy tenaz. Poco a poco la bola se
hace grande.

—¡Cómo crece! —grita Paz, feliz.

Paz hace tres bolas. Las pone en hilera: primero, la menor; luego, una más grande y, despúes, la mayor de todas.

¿Qué querrá hacer Paz con las bolas de nieve? ¿Un pingüino gigante? No, los pingüinos no tienen esa forma.

Paz amasa más nieve para unir las tres
bolas: pone una pizca aquí, otra allá...

Cuzquito, con su voz de perro, les
cuenta todo a los pájaros.
—¡Guau, guau!

Al final, Paz pone todas las cosas
que tenía en los bolsillos: manzanas,
alguna que otra nuez, granos de maíz,
migas de bizcochos y mucho más...

Cuzquito consigue palitos. Paz los usa para hacer los brazos. Y con una zanahoria hace la nariz. En unos cuencos, pone comida para los animalitos.

—¡Es una linda sorpresa para
Quique! —dice Paz a su perro.
Y corre a buscar a su hermano.

Afuera, los animalitos
ven el maíz y las otras cosas
ricas. Huelen las nueces y las
manzanas... ¡Qué exquisitez!

Pero... ¿qué huele Cuzquito?
¡Cuzquito huele líos!

¡Y qué lío!
Los animales se comen las cosas ricas.
Los pájaros se llevan la comida.

234

Veloz como la luz, Cuzquito salta
una y otra vez. Todo se tambalea y... la
sorpresa de nieve se derrumba. ¡BUM!

Cuando Paz vuelve con Quique...
¡La sorpresa de nieve ya no está!

—¡Oh, no! —rezonga Paz.

Pero Quique está feliz. Canta:
—¡Un ratón! ¡Un ratón de nieve!

Paz mira otra vez. ¡Sí! ¡*Es* un ratón!

—¡Sorpresa! —dice, muy contenta.

Pensamiento crítico

1 ¿Por qué crees que la autora escribió este cuento?  PROPÓSITO Y PUNTO DE VISTA DEL AUTOR

2 ¿Qué pasos sigue Paz para hacer la sorpresa de nieve? NOTAR DETALLES

3 ¿Crees que a los animalitos les gusta la sorpresa de nieve de Paz? ¿Por qué?

SACAR CONCLUSIONES

4 Piensa en el final del cuento. ¿Qué crees que harán Paz y Quique después? INFERIR

5 **ESCRIBE** Escribe sobre algo que hayas hecho para sorprender a alguien o sobre alguna sorpresa que alguien te haya dado a ti. RESPUESTA PERSONAL

Lisa Campbell Ernst

Lisa Campbell Ernst creció en una familia donde todos leían mucho y disfrutaban de contar historias. Cuando era niña, Lisa observaba los animales del vecindario, los dibujaba e inventaba cuentos acerca de ellos.

"¡Me sigue gustando mucho dibujar animales! Para dibujar a Cuzquito, observé a mis perros Fred y Elmo cuando jugaban afuera. Observé los animalitos de mi jardín para hacer los otros animales, y a mi hija Allison para dibujar a Paz."

Copos de nieve

A. Wilson Bently

No ficción

Copos de nieve

A Wilson Bentley le *encantaba* la nieve. Pero los copos de nieve, que a él tanto le gustaba mirar, se derretían demasiado rápido. Entonces, a Bentley se le ocurrió una manera de conservarlos. Los fotografió.

Lee lo que dijo Wilson Bentley acerca de la nieve.

"Nací en 1865 y no recuerdo un solo momento de mi vida en el que no me haya fascinado la nieve."

▼ Wilson Bentley usaba una cámara de la época para tomar sus famosas fotografías. Ha recibido el apodo de "Copo de nieve Bentley".

"Las tormentas de nieve siempre son emocionantes para mí. Nunca sé cuándo me voy a encontrar con una sorpresa maravillosa."

"Me preguntan cómo capto mis cristales. Lo hago con esta pequeña bandeja de madera. Está pintada de negro para que los copos de nieve resalten."

"Los copos de nieve
suelen tener seis lados.
Y los seis lados son
exactamente iguales."

"Cada copo de nieve es único. Los copos de nieve son tan diversos como las personas."

Enlaces

Comparar textos

1 De todo lo que aprendiste sobre la nieve en "Una sorpresa de nieve" y en "Copos de nieve", ¿qué te pareció más interesante?

2 ¿Qué cosas divertidas se pueden hacer en la nieve?

3 Cuenta algo que hayas hecho en la nieve con resultados inesperados.

Escritura

Imagina que Paz hizo la sorpresa de nieve para ti. Escríbele una nota de agradecimiento.

17 de enero de 20--
Querida Paz:
 Gracias por la sorpresa de nieve. ¡Parece un ratón gigante! ¿Cómo lo hiciste?
 Tu amiga,
 Ema

Fonética

Forma y lee nuevas palabras.

Comienza con **feroz**.

Cambia **roz** por **liz**.

¿Qué es lo contrario de la palabra que formaste?

Forma la palabra **cigüeña**.

¿Qué otro animal conoces cuyo nombre tiene la sílaba **güe** o **güi**?

Práctica de la fluidez

Túrnate con un compañero para leer "Una sorpresa de nieve". Intenten que la voz de los personajes suene como si realmente estuvieran hablando.

¡Ven, Cuzquito!

Glosario

¿Qué es un glosario?

Los glosarios pueden ayudarte a leer una palabra.

Busca la palabra y léela en una oración. Para que te

resulte más sencillo, algunas palabras están

acompañadas por una fotografía.

mapa   Lila mira el **mapa.**

A

abuelo   Leo un libro con mi **abuelo.**

afuera   **Afuera** hace mucho frío.

B

buena   Ella es **buena** y ayuda a su amiga.

compraron   Me **compraron** pinceles y pinturas.

contenta   Hoy estoy muy **contenta.**

cuento   Ella escribe un **cuento.**

escribir   Voy a **escribir** una lista.

F

familia   En mi **familia** hay dos bebés.

G

gran   Ema es mi **gran** amiga.

H

hermano   A mi **hermano** le gusta jugar en el parque.

hoy   **Hoy** Nico tiene un examen.

I

igual   Dos más dos es **igual** a cuatro.

L

libros   Aquí hay una pila de **libros.**

Ll

lluvia   A Anita le gusta la **lluvia.**

M

maestro   El **maestro** nos trajo libros nuevos.

mañana   Esta **mañana** hay mucha gente en el parque.

miedo   ¡Los leones me dan **miedo**!

N

nueva   Tengo una **nueva** amiga.

patio   Éste es el **patio** de mi casa.

piensa   Antes de escribir, **piensa** bien.

propio   Ella tiene su **propio** dinero.

siempre   Sofía **siempre** hace burbujas.

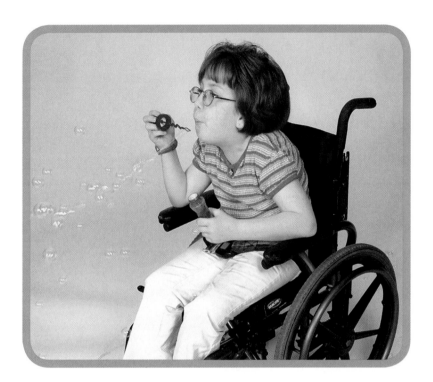

sorpresa   El regalo era una **sorpresa.**

tengo   **Tengo** un vaso con agua.

tiempo   Hoy Quique no tiene **tiempo** para jugar.

tres   Aquí hay **tres** flores.

trompa   Los elefantes tienen una **trompa** muy larga.

V

verdad   Esta mariposa parece de **verdad.**

Acknowledgments

Photo Credits

Placement Key: (t) top; (b) bottom; (l) left; (r) right; (c) center; (bg) background; (fg) foreground; (i) inset

12 (c) Images.com/Corbis; 15 (b) Don Farrall / Getty Images; 24 Creatas Images/JupiterImages; 6 Petr RF/Shutterstock; 31 (inset) Peter J Bryant/BPS/Stone/Getty Images; 41 (bg) Raul Touzon/National Geographic/Getty Images; 42 (c) Photo 24/Brand X Pictures /JupiterImages; 53 (bl) Royalty Free/Corbis; 62 Ariel Skelley/Corbis; 62 Ingram Publishing /SuperStock; 62 Purestock /SuperStock; 63 Masterfile Royalty Free; 64 (t) image100/SuperStock; 93 (br) RubberBall Productions/PictureQuest; 140 David S April RF/Shutterstock; 102 Christopher Bissell/Stone/Getty Images; 103 Geoff Dann/Dorling Kindersley/Getty Images; 103 Markus Botzek/zefa/Corbis; 129 (br) Ariel Skelley/Blend Images/Picture Quest; 138 BananaStock/Alamy; 161 (c) © Gray Crabbe / Enlightened images; 161 (tc) © Tim Hursley / SuperStock; 161 (c) Ian Dagnall/Alamy; 161 (tc) Jeremy Woodhouse/Digital Vision/Getty Images; 165 (b) Art Wolfe/Getty Images; 176 Katya Arnold; 176 (t) tadija/Shutterstock; 200 (fg) Andy Rouse/NHPA; 201 (cr) Cris Haigh/Alamy; 201 (tr) Matthias Clamer/Getty Images; 201 (br) ZSSD/Minden Pictures; 202 (t) tadija RF/Shutterstock; 205 (l) Stockdisc/Getty Images; 214 (c) Allan Davey / Masterfile; 214 (c) Ray Ooms / Masterfile; 214 Eline Spek/Shutterstock; 215 Royalty-Free/Corbis; 215 SuperStock; 216 (t) Pepe Ramirez/Shutterstock; 240- 242, 243-245 (t) Peter Wolf/ Wolf Multimedia Studio; 243 (br) Historic NWS Collection/National Oceanic and Atmospheric Administration/Department of Commerce; 246 (t) OlgaLis/Shutterstock. All other photos © Harcourt School Publishers. Harcourt photos provided by Harcourt Index, Harcourt IPR, and Harcourt Photographers: Weronica Ankarorn, Eric Camden, Doug DuKane, Ken Kinsie, April Riehm and Steve Williams.

Illustration Credits

Cover Art; Laura and Eric Ovresat, Artlab, Inc.

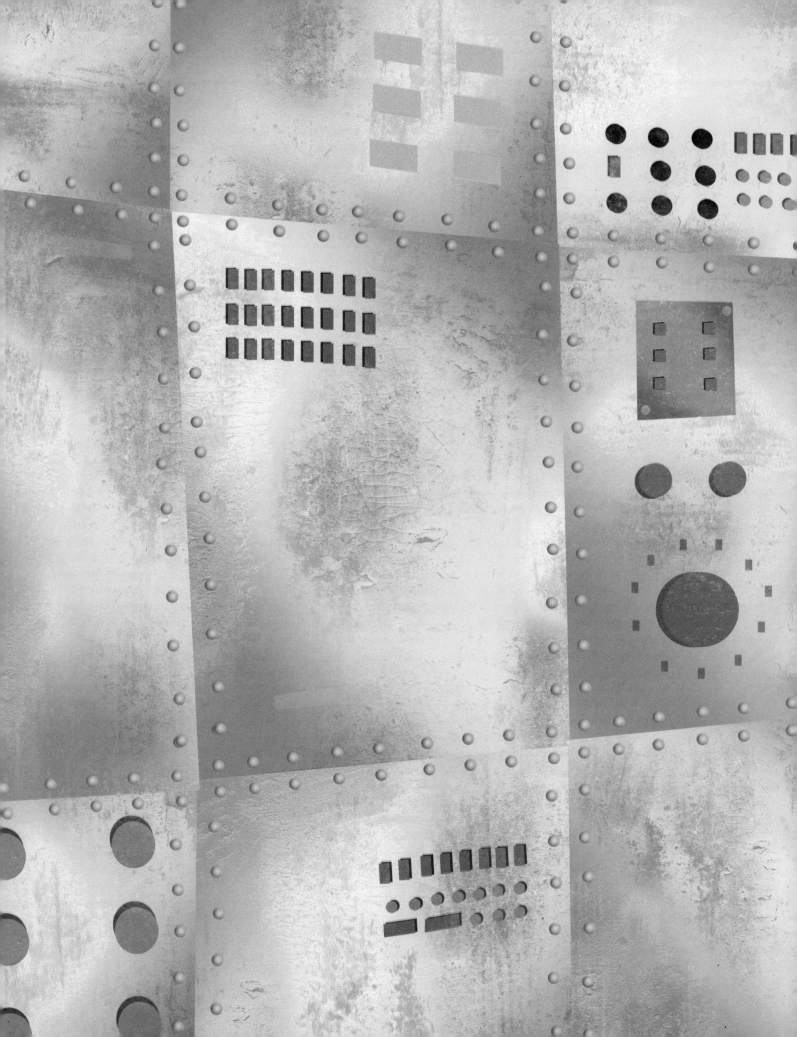